ECO

Umberto

Gratis-Prophezeiungen

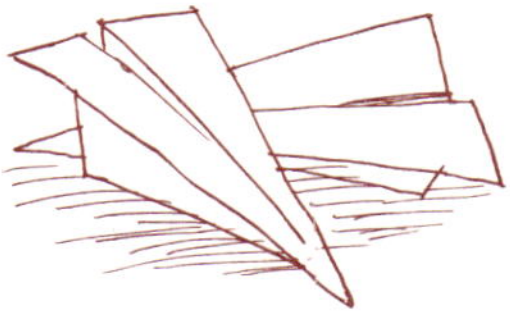

Streichholzbriefe
2000–2003

Ausgewählt, übersetzt und eingerichtet
von Burkhart Kroeber

Carl Hanser Verlag

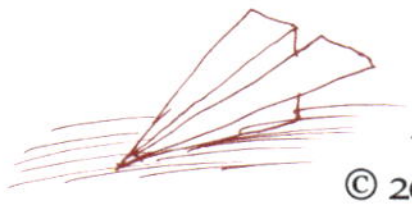

ISBN 3-446-20324-9

Umschlag: Peter-Andreas Hassiepen, München
mit einer Zeichnung von Luis Murschetz
Satz: Satz für Satz. Barbara Reischmann, Leutkirch
Druck und Bindung: Frühmorgen und Holzmann, München
Printed in Germany

Die Wunder  des Dritten Jahrtausends

Drei Gratis-Prophezeiungen, vielleicht falsche

Die Debatte über den wahren Beginn des neuen Jahrtausends ist noch längst nicht zu Ende, man braucht nur die Zeitungen und Magazine durchzublättern. Also treffen wir eine drakonische Entscheidung. Ich lese gerade wieder einmal den 1903 erschienenen Zukunftsroman *Le meraviglie del Duemila* (»Die Wunder des Dritten Jahrtausends«) von Emilio Salgari, dem »italienischen Jules Verne«, wie er gern genannt wird. Darin werden zwei Personen in so etwas wie einen Winterschlaf versetzt und wachen im Jahre 2003 wieder auf. Was finden sie dort? Flugboote mit schlagenden Flügeln, riesige stählerne Elefanten, die mit ihren Rüsseln den Müll in den Städten aufsaugen, Züge, die mit hundert Kilometer pro Stunde durch unterseeische Tunnel rasen, pneumatische Rohrpost, die schnell wie die E-Mail ans Ziel gelangt, vollautomatisierte Fabriken, die allein mit Elektrizität betrieben werden, und – hört, hört – eine Krise des Sozialismus.

Salgari spricht von *Duemila* für das Jahr 2003, aber er wäre offensichtlich bereit, auch das Jahr 2999 ins *Duemila* zu setzen. So wie wir, wenn wir von den Dreißigerjahren sprechen, die Zeit von Januar 1930 bis Dezember 1939 meinen. Voilà, das ist die Lösung: Jahrzehnte, Jahrhunderte und Jahrtausende werden zwar anders »numeriert«, aber in der Alltagssprache von Null an gezählt: die Fünfzigerjahre, das Zwanzigste Jahrhundert. Vor wenigen Tagen hat nun das Dritte Jahrtausend begonnen, und so werden wir es tausend Jahre lang nennen, in gleicher Weise, wie wir jemanden Philipp oder Emanuel nennen.

Nachdem dies also geklärt ist, bleibt noch die zweite große Plage der letzten zwölf Monate, nämlich daß man von allen Seiten aufgefordert wird, Prophezeiungen für das Dritte Jahrtausend zu machen. Prophezeiungen sollte man niemals machen, es sei denn, man hat göttliche Eingebungen. Aber man kann, wie es jeder tut, der zum Beispiel eine Urlaubsreise antritt und sich überlegt, wie das Wetter sein wird oder was er am Strand von Varazze finden könnte, ein paar vorsichtige Prognosen wagen.

Vorsichtige, denn es braucht bloß in sechs Monaten ein riesiger Meteorit ins Mittelmeer zu stürzen, und Ligurien wird zu einem Taucherparadies, während Basel sich in den schönsten Strand der Schweiz verwandelt.

Hier also drei Prognosen für das Dritte Jahrtausend. Erstens: Verblassen der Vorstellung und des Begriffs von Brüderlichkeit. Wenn die westliche Zivilisation sich immer spärlicher fortpflanzt und China schon jetzt nur ein Kind pro Familie erlaubt, werden die Kinder des Dritten Jahrtausends nicht mehr wissen, was ein Bruder und eine Schwester sind, und nur noch in Fabeln und Märchen davon lesen, so wie man heute von Wolfsjungen und vom Flachsspinnen liest. Beziehungsweise, Familien mit mehreren Kindern wird es auf die Dauer nur noch in der hintersten Dritten Welt geben, so daß eine Kinderschar als etwas sehr Exotisches angesehen wird, wie ein Harem oder ein Ring in der Nase – nein, sorry, das nicht, denn alle Prognosen benennen den Ring in der Nase als eine Zierde, die sich unter den Jugendlichen der hochentwickelten Länder immer mehr ausbreiten wird.

Zweite Prognose: Verschwinden der Nationalstaaten und der Archipele von »Zwillingsstädten«, die durch gemeinsame Produktions- und Handelsinteressen zusammengehalten werden, wie Biella und Kuala Lumpur oder München und Harare. Verschwinden werden damit auch die Nationalsprachen als etwas, das man in der Schule lernt, aber es wird auch nicht eine gemeinsame Weltsprache übrigbleiben, sei sie nun das Englische oder das Chinesische. Wir werden es eher so machen wie im Römischen Reich.

Nehmen wir den Apostel Paulus. Geboren in Kilikien (heute wäre er also ein Türke), war er dazu erzogen worden, griechisch zu sprechen und zu schreiben, doch er besuchte die Synagoge und hatte gelernt, die Torah auf hebräisch zu lesen. In Jerusalem sprach er dann aramäisch, aber wenn er nach seinem Paß gefragt wurde, antwortete er auf lateinisch *»civis romanus sum«*, und ich weiß nicht, in welcher Sprache er am Ende (so heilig er war) seine Henker verflucht haben wird.

Letzte Prognose: Ende der Ethik. Eine Ethik verlangt ein Modell des Lebens, das zu befolgen schwierig ist und eine gewisse Anstrengung erfordert. Die Medien werden jedoch als Lebensmodelle immer mehr Personen mit sehr wenig heroischen Tugenden propagieren, die dennoch für alle zum Vorbild geworden sind, weil sie unentwegt im Fernsehen, in der Presse oder im Internet erscheinen. Nicht die heilige Katharina oder Florence Nightinghale, sondern Lady Di oder Monica Lewinsky. Alle auf die Altäre! Prost Neujahr.

(6. Januar 2000)

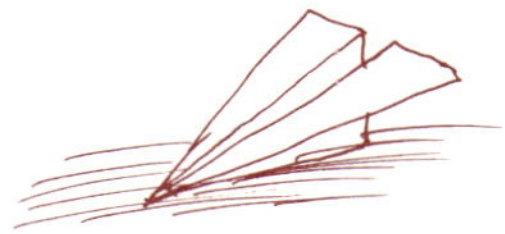

Auf dem Weg zum Jahrtausend des Lärms

Werden wir uns Stille in Päckchen kaufen?

Adriano Sofri hat in einem seiner letzten Artikel für *Panorama* vorausgesagt, daß (da man die Hoffnung auf Stille lieber vergißt) die Strategie in Zukunft der »Gegenlärm« sein werde, das heißt die Überlagerung unangenehmer durch angenehme Geräusche. Die Idee erinnert an den Gog von Papini, aber es handelt sich nicht um Zukunft, die Sache findet bereits statt.

Man denke nur an die sanft-aufdringliche Musik in Flughäfen, die den Lärm der Jets abmildern soll. Aber zwei schlechte Dezibel plus ein gutes Dezibel ergeben nicht anderthalb, sondern drei Dezibel. Die Lösung ist schlimmer als das Übel.

Stille ist ein Gut, das langsam verschwindet, auch aus den eigens für sie bestimmten Orten.

Ich weiß nicht, wie es in den tibetanischen Klöstern zugeht, aber ich war vor kurzem in einer großen Mailänder Kirche, in die man treffliche Gospelsänger eingeladen hatte. Stufenweise, mit Effekten nach Art einer Disko in Rimini, zogen sie die Gläubigen in eine Andacht hinein, die vielleicht mystisch war, aber in puncto Dezibel an den innersten Höllenkreis denken ließ. Als es mir zuviel wurde, bin ich gegangen, auf den Lippen die alte

Formel »*Non in commotione, non in commotione Dominus!*« (was soviel heißt wie: Gott mag vielleicht allgegenwärtig sein, aber er ist schwerlich an Orten der allgemeinen Erregung zu finden).

Meine Generation tanzte zur gesäuselten Musik der Frank Sinatras und Perry Comos, diese muß sich mit Ecstasy vollpumpen, um die Geräuschpegel der Saturday Nights auszuhalten. Sie hört Musik in Fahrstühlen, trägt sie in Kopfhörern mit sich herum, hört sie beim Autofahren (zugleich mit dem Motorgebrumm) und arbeitet mit Musik im Hintergrund, während durchs offene Fenster der Verkehrslärm hereindringt.

Wir sind umgeben von Leuten, die terrorisiert von der Stille fortwährend nach freundlichen Tönen in ihren Mobiltelefonen suchen.

Vielleicht werden ja künftige Generationen besser für den Lärm ausgestattet sein, aber nach allem, was ich über die Evolution der Arten weiß, dauern solche Anpassungen gewöhnlich Jahrtausende, und auf ein paar Individuen, die sich anpassen, kommen Millionen, die unterwegs zugrunde gehen.

Nach dem schönen autofreien Sonntag am 16. Januar, als die Leute in den großen Städten auf Rollschuhen oder zu Pferde flanierten, hat der Dichter Giovanni Raboni im *Corriere della sera* notiert, wie sich die Bürger beim Gehen auf den Straßen einer plötzlich wiedergefundenen magischen Stille erfreuten. Das ist wahr. Aber wie viele sind auf die Straße gegangen, um diese plötzliche Stille zu genießen, und wie viele sind grollend zu Hause geblieben, vor dem voll aufgedrehten Fernsehgerät?

Stille ist im Begriff, ein sündhaft teures Gut zu werden, tatsächlich steht sie schon jetzt nur noch Wohlhabenden zur Verfügung, die sich Villen im Grünen leisten können, oder hären gewandeten Mystikern im Gebirge, die sich dann so sehr am Schweigen der Gipfel berauschen, daß sie den Kopf verlieren und in Felsspalten stürzen, mit der Folge, daß die ganze Gegend vom Getöse der Rettungshubschrauber erfüllt wird.

Es wird noch soweit kommen, daß diejenigen, die den Lärm nicht mehr aushalten können, sich Stille in Päckchen kaufen, eine Stunde in einem abgedichteten Zimmer wie dem von Marcel Proust, für den Preis eines Parkettsesselplatzes in der Mailänder Scala.

Als Hoffnungsschimmer notiere ich – die Listen der Vernunft sind unendlich –, daß abgesehen von jenen, die den Computer benutzen, um sich ohrenbetäubende Musik herunterzuladen, alle anderen die Stille noch genau vor dem lumineszierenden Bildschirm finden können, bei Tag und bei Nacht, am besten, indem sie auch die Pieptöne und kleinen Musiken ausschalten, die den Start eines Programms begleiten.

Sie werden vielleicht süchtig nach Internetsurfen, und das ist ein anderes Problem, aber sie dürfen ein paar Stunden Ruhe genießen.

Der Preis dieser Ruhe wird sein, auf den Kontakt mit ihresgleichen zu verzichten. Aber das war es schließlich auch, was einst die heiligen Väter der Wüste taten.

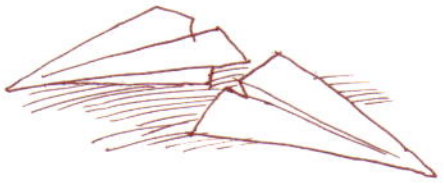

(3. Februar 2000)

Sag deinem Kind nicht, wie schön es ist, vor dem Einschlafen noch zu lesen

In dieser Kolumne komme ich immer wieder auf ein paar fixe Ideen zurück. Nicht weil ich von ihnen besessen wäre, sondern weil die Medien sie geradezu zwanghaft immer wieder ansprechen. So stellen sie gerne die quälende Frage, ob wir uns dem Ende jener noblen Tätigkeit nähern, die das Lesen ist. Gewöhnlich mache ich darauf aufmerksam, daß wir überall Buchläden aus dem Boden wachsen sehen, die immer größer und reichhaltiger werden und in denen es von Jugendlichen nur so wimmelt. Auch wenn diese am Ende nichts kaufen – wenn man zwei Stunden damit verbringt, Buchumschläge anzusehen und Banderolen mit Werbesprüchen zu lesen, kommt man danach so heraus, wie es mir als Knabe erging, nachdem ich die letzte Nummer der *Fiera letteraria* gelesen und aus ihr erfahren hatte, daß es faszinierende Bücher gab, die ich dringend lesen mußte und wollte, sobald ich in der Lage sein würde, sie mir zu besorgen.

Allerdings sind diese Jugendlichen nur eine Minderheit, und die Statistiken sagen uns, daß es Millionen Menschen gibt, die nie ein Buch lesen. Viele rechtfertigen sich mit der Behauptung, die harte tägliche Arbeit lasse ihnen keine Zeit zur Lektüre. Das mag für jene gelten, die schwerste unmenschliche Arbeiten machen, aber kaum für die vielen anderen, deren Stunden vernünftiger eingeteilt sind.

Einer der am besten zum Lesen geeigneten Orte ist das Bett. Wem es gelänge, womöglich durch Reduzierung der Zeit, die er vor der Glotze verbringt oder beim Herumhängen in der Kneipe, auch nur eine halbe Stunde für die abendliche Lektüre zu reservieren, käme im Jahr auf über einhundertachtzig Stunden Lektüre, was nicht wenig ist. Alle, die Leser aus Lust und Berufung sind, werden sich an die Schlachten erinnern, die sie als Kinder schlugen, um abends noch lesen zu dürfen: an die Verhandlungen mit den um ihre Augen besorgten Eltern und wie es ihnen womöglich gelang, heimlich mit einer Taschenlampe unter der Bettdecke zu schmökern. Auch angenommen, es tut einem Kind nicht gut, abends im Bett noch zu lesen, würde dieses Kind doch anfangen, diese Gewohnheit zu schätzen, wenn es sähe, wie seine Eltern sie pflegten. Und mit einer richtigen Lampe kann man auch lesen, ohne den müderen Partner zu stören.

Viele unserer Verhaltensweisen werden uns von den Massenmedien nahegelegt. Es heißt, daß der siebenjährige amerikanische Bub, der in der Schule um sich geschossen hat, von zu vielen Gewaltfilmen beeinflußt war. Gewiß versichern uns Soziologen und Psychologen, daß ein Film nur dann negative Einflüsse auf ein Kind haben kann, wenn dieses Kind schon von sich aus verhaltensgestört ist, aber ein Junge, der mit sieben Jahren jeden Tag im Fernsehen einen Film mit ratternden Maschinenpistolen und überall herumspritzendem Blut gesehen hat, ist fraglos bereits verhaltensgestört. Und jetzt überlegen wir einmal, was uns die Kino- und Fernsehfilme über das Thema Lesen im Bett sagen.

Menschen im Bett sieht man in den üblichen Filmen bei vier Gelegenheiten: a) wenn sie der Liebe obliegen, b) wenn sie sich streiten, c) wenn sie kurz vor der Scheidung stehen und nicht mehr miteinander reden und d) wenn sie sich zurechtkuscheln, um heiter und glücklich einzuschlafen. Wer der Liebe obliegt oder mit chinesischen Vasen schmeißt, liest nicht, okay. Aber nie sieht man auf der Leinwand oder dem Bildschirm Paare, die ins Bett gehen und etwas lesen, sich dann das Gutenachtküßchen geben, einer dreht sich nach rechts, der andere nach links, und beide sinken sofort in Schlaf wie zwei Hafenarbeiter nach zwölf Stunden ununterbrochener Schwerarbeit. Nur in einem Fall (und das nur sehr selten) lesen sie: wenn das Paar bereits voll in der Krise ist und das Lesen des einen ein Ausdruck seiner Verachtung für den anderen und ein Akt des offenen Krieges mit dem Partner ist. Ich jedenfalls habe noch nie einen Film gesehen, in dem die Gattin zum Gatten sagt: »Liebster, dieses Buch solltest du auch mal lesen, es ist hinreißend.«

Unsere Kinder wachsen auf, ohne daß ihnen die Glotze vorführt, wie angenehm, nobel und beruhigend es ist, vor dem Einschlafen noch etwas zu lesen. Statt dessen wird ihnen vorgeführt, wie aufregend es ist, mit MPs herumzuballern oder eine Partie Poker zu spielen. Also worüber beklagen wir uns?

(16. März 2000)

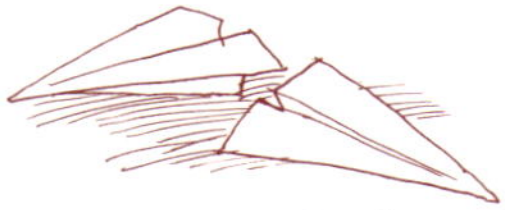

Die Gabe der Hinterhersagung

Ich enthülle den Lesern mein Geheimnis

Sowohl die Verfechter der paranormalen Phänomene als auch die eingefleischten Skeptiker des CICAP[1], die unermüdlich beweisen, daß diese Phänomene nur das Ergebnis verschiedener Illusionen sind, haben sich viel mit der Vorhersagung beschäftigt. Aber niemand hat sich jemals um die Hinterhersagung gekümmert, obwohl auch sie ein außerordentliches Phänomen ist. Nun, ich bekenne, ich besitze diese Gabe, aber bisher habe ich das immer sorgfältig geheimgehalten, aus Angst, mich dem Spott und Gelächter auszusetzen.

Erst jetzt, ermutigt durch einige mehr als herausragende Beispiele, bin ich bereit zu enthüllen, was ich eifersüchtig im Innersten meines Herzens bewahrt habe.

Es passiert mir bisweilen, daß ich, von einer Art Trance erfaßt, mit fast eidetischer Klarheit Episoden sehe, die sich in einer Zeit abspielen, die nicht meine Lebenszeit ist. Ich sehe diese Episoden nicht dunkel, so daß ich gezwungen wäre, sie durch zweideutige Anspielungen

1 Comitato Italiano per il Controllo delle Affirmazioni sul Paranormale (Ital. Komitee zur Kontrolle der Aussagen über das Paranormale), Mitglied des European Council of Skeptical Organizations; Genaueres unter www.cicap.org (A. d. Ü.).

auszudrücken, wie es Nostradamus tat. Ich sehe sie klar und deutlich, so daß keine Mißverständnisse möglich sind. Hier einige Beispiele.

Ich sehe eine prächtige blühende Stadt an der Küste Kleinasiens, belagert von einer großen Armee, die von einem Helden mit langer blonder Mähne angeführt wird, und ich sehe in jener Stadt ein hölzernes Pferd, aus dem die Feinde steigen, um die Bewohner niederzumetzeln, so daß nur zwei entkommen, einer, der jahrelang auf dem Meer umherirrt, und einer, der eine neue Zivilisation in den ausonischen Landen gründet.

Ich sehe eine Horde bärtiger Männer mit fettigen Mähnen, die in die mächtigste Stadt der bekannten Welt einfallen, und ihren Anführer, der sein Schwert auf eine Waagschale wirft und »Wehe den Besiegten!« brüllt.

Ich sehe einen Genueser mit kürzerer Mähne als die vorigen, der mit drei Karavellen übers Meer fährt, bis sein Ausguck »Land! Land!« ruft und sie an eine Küste gelangen, die er für Indien hält, die sich dann aber als ein neuer unerforschter Kontinent entpuppt.

Ich sehe einen Mann mit halblangem Haar, der den Mond durch ein nie gesehenes Rohr betrachtet und erklärt, daß die Erde sich um die Sonne dreht, worauf ihm ein qualvoller Prozeß gemacht wird, aus dem er geschlagen herauskommt, auf den Lippen die Worte: »Und sie bewegt sich doch.«

Ich sehe einen Mann mit kurzem Haar und einer Stirnlocke, der auf einer kleinen Insel geboren ist und mit seinen Armeen siegreich durch ganz Europa zieht, bis er auf einer Ebene in Belgien geschlagen wird und schließlich auf einer noch kleineren Insel von allen verlassen stirbt.

Ich sehe einen Mann mit noch kürzerem Haar, aber mit schräger Locke und kleinem Schnurrbart, der einen Weltkrieg entfesselt, einen entsetzlichen Völkermord begeht und sich das Leben in einem Bunker nimmt.

Ich sehe einen Mann mit absolut kahlem Schädel, der die Macht durch einen Marsch auf die Hauptstadt erobert, Korn drischt, kleine Kinder küßt und schließlich auf einem Platz endet, der wie ein Papagei heißt.

Was soll ich von diesen Visionen halten? Ich schwöre, daß sie sich alle bewahrheitet haben. So genau, daß ich beschlossen habe, nun auch ein paar Voraussagungen zu wagen, ein sicher riskanteres Spiel, bei dem es aber genügt, mit einiger Umsicht vorzugehen.

Wohlan: Ich sehe voraus, daß binnen eines Jahrhunderts auf einen Präsidenten der Vereinigten Staaten ein Attentat verübt werden wird, daß ein Taifun die Karibik verheeren wird, daß ein Flugzeug einer großen Airline abstürzen wird, daß ein Mann aus einfachen Verhältnissen einen großen Lottogewinn machen wird, daß ein italienischer Politiker die Seite wechseln wird, daß ein anderer das Land vor dem Kommunismus retten wollen wird und daß ein Quizmaster im Fernsehen die kleine Friseurgehilfin Samanta aus Piacenza fragen wird, wie der Vorname von Garibaldi war (ich weiß nicht warum, aber ich habe das Gefühl, daß die beiden letzten Voraussagen eng zusammenhängen).

(1. Juni 2000)

Wie man einen Präsidenten wählt

Good news first. Die notorisch langsame italienische Post bietet auf ihrer Internetseite einen Dienst an, durch den man Briefe und Telegramme vom heimischen Computer aus blitzschnell durchs Netz schicken kann; das Schreiben wird am Zielort ausgedruckt und an die richtige Adresse gebracht (für bloße 1700 Lire pro Brief), und so entfällt die ganze ewig lange Reise und die Warterei in den Bahnhöfen. Kompliment (man glaubt es kaum) an die italienische Post!

Now bad news. Es ist natürlich in diesen Tagen die Geschichte mit den amerikanischen Wahlen, der unsägliche »Florida Recount«, in dem die Stimmenauszählung sich als weniger effizient denn die italienische Post erwiesen hat. Dabei gäbe es eine Lösung, und vorgeschlagen hat sie bereits vor über vierzig Jahren der große Isaac Asimov in seiner SF-Erzählung »Franchise«, die 1957 in dem Band *Earth is room enough* erschienen ist.[1]

Darin wird erzählt, wie in dem damals noch fernen Jahr 2008 die Vereinigten Staaten endlich begriffen hat-

1 Dt. »Wahltag im Jahre 2008«, in *Geliebter Roboter*, übersetzt von Walter Brumm, München, Heyne 1966 (A. d. Ü.).

ten, daß die Wahl nur noch zwischen zwei Kandidaten erfolgte, die einander so ähnlich waren, daß die Präferenzen der Wähler sich quasi *fifty-fifty* auf beide verteilten. Zugleich konnten die Umfragen, die inzwischen von superpotenten Computern gemacht wurden, unzählige Variablen berücksichtigen und daher mit fast mathematischer Genauigkeit das Endergebnis berechnen.

Um eine wissenschaftlich exakte Entscheidung zu treffen, mußte der gigantische Rechner Multivac (der eine halbe Meile lang und so hoch wie ein dreistöckiges Haus war – hier haben wir einen Fall, in dem die Sciencefiction den technischen Fortschritt nicht hat voraussehen können) bloß noch »einige unwägbare Verhaltensweisen des menschlichen Geistes« berücksichtigen.

Da jedoch in der Erzählung vorausgesetzt wird, daß in einem hochentwickelten und zivilisierten Land die Denk- und Verhaltensweisen der Menschen einander gleichen, brauchte Multivac nur einige Tests bei einem einzigen Wähler vorzunehmen.

So identifizierte der Rechner von nun an in jedem Wahljahr einen Staat und einen Bürger dieses einen Staates, der damit DER WÄHLER wurde, und ausgehend von den Vorstellungen und momentanen Stimmungen dieses Wählers wurde sodann der Präsident der Vereinigten Staaten gewählt. Es funktionierte so schön, daß bald jede Wahl nach diesem einzigen Wähler genannt wurde: die Wahl MacCumber, die Wahl Muller und so weiter.

Asimov schildert sehr lustvoll die Spannung, die sich in der Familie des Auserwählten aufbaut (der jedoch

Gelegenheit hat, berühmt zu werden, gute Werbeverträge zu bekommen und Karriere zu machen, wie ein Überlebender bei Big Brother), und es ist amüsant, wie die kleine Enkeltochter sich wundert, als der Großvater ihr erzählt, daß früher alle Bürger zur Wahl gingen – sie kann gar nicht begreifen, wie eine Demokratie mit Millionen und Abermillionen Wählern, die alle viel fehlbarer als Multivac sind, überhaupt funktionieren konnte.

Schon Rousseau hielt es für ausgeschlossen, daß eine direkte Demokratie anderswo als in einem sehr kleinen Staat möglich wäre, in dem alle sich kennen und sich leicht versammeln können. Aber auch eine repräsentative Demokratie, die das Volk alle vier Jahre zur Wahl seiner Repräsentanten aufruft, steckt heute, wie man sieht, in der Krise.

In einer von der elektronischen Kommunikation beherrschten Massengesellschaft neigen die Meinungen dazu, sich in solchem Maße wechselseitig anzupassen und zu nivellieren, daß die Vorschläge der verschiedenen Kandidaten einander sehr ähnlich werden. Die Kandidaten werden nicht vom Volk gewählt, sondern von einer Nomenklatura ihrer Parteien, und das Volk muß im Grenzfall zwischen zwei (von anderen ausgesuchten) Personen wählen, die sich wie ein Wassertropfen dem anderen gleichen.

Eine Situation, die stark an die sowjetische erinnert, nur daß dort die Nomenklatura bloß einen Kandidaten wählte, für den dann die Wähler votierten. Hätten die Sowjets den Wählern nicht einen, sondern zwei Kandidaten vorgesetzt, dann wäre die Sowjetunion der amerikanischen Demokratie sehr ähnlich gewesen.

Ja, ich weiß, in einer Demokratie werden die Regierenden, auch nach dem hohlen Ritus der Wahl, von der Presse und den Interessengruppen und der öffentlichen Meinung kontrolliert. Aber das könnte auch bei dem von Asimov vorgeschlagenen System so bleiben.

(30. November 2000)

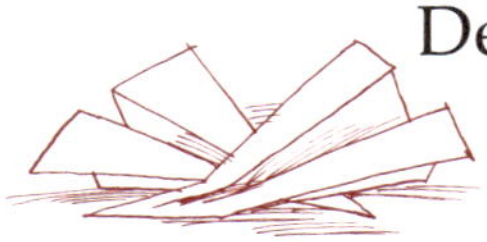

Der Untergang des Vierten Rom

Es geschah etwa um die Mitte des Dritten Jahrtausends, daß Edwardgibbon@history.uk seine berühmte *Geschichte des Verfalls und Untergangs der Reiche des Westens* schrieb, in welcher er das Ende des Vierten Rom im einundzwanzigsten Jahrhundert schilderte, eines mächtigen Networks, das aus einem großen zentralen Imperium plus einem Archipel föderierter Vasallenreiche bestand.

Der Vorzug dieses Werkes war seine erzählerische Kraft; sein Mangel war, daß der Autor ein bißchen zu mechanisch versuchte, den Untergang des Vierten Rom in denselben Begriffen darzustellen, in denen seine Vorgänger den Untergang des ersten Römischen Reiches dargestellt hatten.

So rühmte das Vierte Rom sich beispielsweise, das Dritte Rom der Sarmaten und Skythen bezwungen zu haben, doch hatte es anschließend – in einer originellen Neuinterpretation des Mottos *Parcere subiectis et debellare superbos* (»Die Unterworfenen schonen und die Hochmütigen bezwingen«) – nicht seine Legionen dort stationiert, sondern die Entwicklung einer freien Mafia auf freiem Markt zugelassen.

Das Erste Rom war untergegangen, weil es sich Söldnerheeren anvertraut hatte, die nicht bereit waren, im Kampf gegen die Barbaren zu sterben; das Vierte Rom hingegen hatte ein Modell des Krieges entwickelt, in dem kein einziger seiner Söldner sterben mußte und, zumindest den Anschein nach, auch kein einziger der Barbaren.

Das Drama des Vierten Rom begann, als man allmählich erkannte, daß dieses neue Imperium zwar keine Kriege mehr verlor, aber sie auch nicht mehr gewann. Da die Kriege (die per definitionem enden, wenn eine der beiden Parteien gesiegt hat) nie zu einem richtigen Ende kamen, konnte das Vierte Rom auch nicht mehr seine Pax errichten.

Im Ersten Rom gelangte man auf den Kaiserthron durch Palastrevolten, aus denen ein Diktator hervorging, der seine Rivalen mit Gewalt aus dem Weg räumte. Im Vierten Rom dagegen kam es zur dynastischen Krise, als zwei Kaiser gleichzeitig demokratisch auf den Thron gelangten und niemand sagen konnte, welcher der legitime war.

Die dynastischen Kämpfe hatten sich eher in die peripherstenVasallenreiche verlagert, aber es ging dabei nicht so sehr um die Art der Machtergreifung als um die Frage, wie man die Macht verlor.

Da es zwei Parteien waren, die um die Macht kämpften, hätte jede der beiden nach maximaler innerer Einheit trachten müssen, um gleichzeitig Krisen und Brüche im feindlichen Lager hervorzurufen. Doch in den Vasallenreichen des Vierten Rom gab es dramatische Pattsituationen zwischen zwei Armeen, die einander nicht angriffen, weil jede vollauf damit beschäftigt war, die Kämpfe im eigenen Lager zu führen. Siegreich blieb daher immer die Partei, deren Gegner (die womöglich geschickter waren) sich als erste selber zerstörten.

Richtiger lag Edwardgibbon@history.uk mit seiner Bestimmung der historischen Epoche, die ihn beschäftigte, als einer neuen Zeit der Dekadenz. Nur daß die erste Dekadenz an den Grenzen des Reiches Horden von – wie der Dichter sang – »großen weißen Barbaren« fürchtete, während die zweite sich in der Angst vor der friedlichen Invasion kleiner farbiger Barbaren verzehrte.

In beiden Fällen reagierte das Imperium mit der Zusammensetzung von – wie gleichfalls der Dichter sagte – »indolenten Akrosticha«. Ein diffuser Erotismus hatte die von den Vätern ererbten Sitten verseucht: Paraden leichtbekleideter Mädchen animierten die großen gesellschaftlichen Ereignisse, und die Machthaber präsentierten sich in der Öffentlichkeit mit üppigen Hetären im Arm und Hymnen an die Freude und das Vergnügen auf den Lippen.

Das Volk interessierte sich unterdessen nur noch für Zirkusspiele, bei denen es die wechselseitigen Massaker einer Handvoll junger Leute verfolgte, die monatelang in dieselbe Zelle eingesperrt waren.

Auch die Religion der Väter war in die Krise geraten: Anstatt sich um die großen theologischen Fragen zu kümmern, die ihrem Glauben zugrunde lagen, hatten die Gläubigen sich auf mystische Kulte verlegt, indem sie sprechende und weinende Statuen verehrten, Orakel befragten und traditionelle Riten mit orgiastischen Verhaltensweisen vermengten.

(21. Dezember 2000)

Das Geheimnis des Jahres 2000

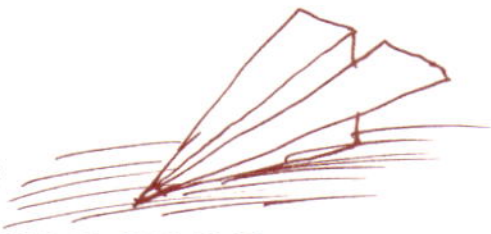

WÄHREND ICH DIESES SCHREIBE, befinden wir uns am Ende des Jahres 2000, und es ist schon bemerkenswert, wie selbstverständlich inzwischen alle die Vorstellung akzeptieren, daß das dritte Jahrtausend erst eine Sekunde nach dem Ende des 31. Dezembers 2000 wirklich beginnt. Niemand scheint sich mehr an die wütenden Streitereien vor einem Jahr zu erinnern.

Die Konsumindustrie hatte beschlossen, das zweite Jahrtausend sofort mit dem 31. Dezember 1999 enden zu lassen, damit unverzüglich gefeiert wurde. Nichts galten mehr die Argumente der Mathematiker, die daran erinnerten, daß wenn man bei eins zu zählen beginnt, die Ziffern mit Null am Ende die Zehner, Hunderter und Tausender *abschließen*, nicht eröffnen.

Kürzlich wurde im *Corriere della sera* die ganze Wahrheit noch einmal aufgerollt, aber auch zugegeben, daß die Faszination der Doppelnull schon immer groß genug war, um viele dazu zu bringen, den Anfang des zwanzigsten Jahrhunderts in der ersten Sekunde des Jahres 1900 zu feiern – wider den gesunden Menschenverstand und die Arithmetik. Und warum auch nicht, die Kraft der Doppelnull siegt über den gesunden Menschenverstand, es gab Leute, die darauf spekulierten, alle waren glücklich, den Beginn des Dritten Jahrtausends zu feiern, und jetzt feiern sie das neue Jahr 2001 mit der gleichen moderaten Erregung wie jedes andere Neujahr.

So sind die Leute eben. Und doch erinnere ich mich, wie ich vor einem Jahr, als ich an dieser Stelle daran erinnerte, daß wir noch nicht im Dritten Jahrtausend angelangt waren, mit Briefen überschüttet worden bin, die mir in hochkomplizierten Berechnungen vorführten, daß, wieso und warum das neue Millennium genau damals begann. Und unter den Briefschreibern waren nicht nur zukünftige Big-Brother-Kandidaten, Panettone-Konsumenten und Lemminge von den Inseln des Pazifik, sondern erlauchte Gelehrte, Philosophen, Hermeneutiker, Linguisten, Philologen, Entomologen und Archäologen.

Wie kam es, daß so kluge Personen entgegen jeglicher Evidenz aus ganzem Herzen wollten, daß das Millennium mit dem Jahre 2000 begann, auch wenn sie nicht darauf brannten, in die Südsee zu fliegen, um innerhalb von 24 Stunden zweimal Neujahr zu feiern? Ich will versuchen, es zu verstehen, indem ich mir in Erinnerung rufe, wie ich als kleiner Junge, der mit Salgari über die Wunder des Dritten Jahrtausends phantasierte, mich fragte: »Werde ich es wohl schaffen, diesen schicksalhaften Morgen noch zu erleben?« Ich fing an zu rechnen, fand heraus, daß ich dann beinahe achtundsechzig Jahre alt werden müßte, und sagte mir: »Das schaffe ich nicht, so alt wird niemand.« Aber dann fiel mir ein, daß ich einige Siebzigjährige kannte (und ich hatte davon reden hören, daß die Mitte unseres Lebens mit fünfunddreißig erreicht sei), und so kam ich zu dem Schluß, daß vielleicht, wenn alles gutging, ich es doch schaffen könnte. Und ich gestehe, daß ich im Herbst 1999 hoffte, es werde kein plötzlicher Autounfall, kein Infarkt, kein fahrlässiger Totschlag oder kaltblütiger Mord meinen Triumphmarsch wenige Wochen vor dem Ziel beenden.

Einen Rest von Bangigkeit hatte ich an jenem Sylvesterabend noch bis viertel vor zwölf genährt, dann setzte ich mich mit dem Rücken zur Wand, vermied es sogar, ans Fenster zu treten, durch das man einen bedrohlichen Big Bang explodierender Feuerwerkskörper sah, und wartete geduldig auf das schicksalhafte Läuten, und erst danach gab ich mich sinnlosen Libationen hin und setzte mich den Gefahren der Pyrotechnik aus, denn nun hatte ich, selbst wenn ich gleich sterben würde, das Dritte Jahrtausend erreicht, und der Rest diente nur noch als Dreingabe.

Das ist die Erklärung. Aus numerologischen Gründen, jedenfalls für die Angehörigen der älteren Generationen, war das Erreichen des Dritten Jahrtausends ein Sieg im Wettlauf gegen den Tod. Und daher tat man natürlich alles, um den Zieleinlauf vorwegzunehmen. Ein Selbstbetrug (wenn auch ein unbewußter), aber um den Tod zu besiegen, tut man so allerhand. In dem Film *Das siebte Siegel* versucht man es sogar mit einer verzweifelten Schachpartie.

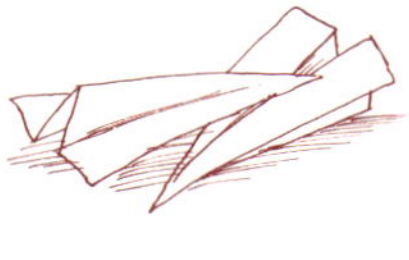

(11. Januar 2001)

Wenige Nutzer nutzen viele Kanäle

Letzte Woche schrieb im *Corriere della sera* ein Kollege, der sich über die Wiederausgrabung alter Variété-Sendungen im Fernsehen freute, früher sei das Fernsehen eine unerschöpfliche Brutstätte der Komik gewesen, während es heute nur noch stammele. Woraus er schloß, früher sei das Fernsehen von professionellen Entertainern gemacht worden, während es heute auf den *human touch* und das Vorzeigen der gewöhnlichen Leute setze. Die Erklärung ist gewiß richtig, trifft aber nur einen Teil der Sache.

Das Fernsehen der ersten Jahre hatte bloß einen Kanal. Es mußte zwei Komiker finden, um zwei Variété-Sendungen pro Woche zu machen. Es konnte sich also die Besten aussuchen, Leute wie Tognazzi, Vianello, Chiari, Dapporto, die Jahrzehnte an Revue- und Bühnenerfahrung hatten und wahre Monster an Komik geworden waren. Heute sind die Kanäle, deren Programme man verfolgen kann, vorsichtig gerechnet mindestens zehn an der Zahl, jeder bringt mindestens zwei Variété-Sendungen pro Tag, und da man nicht jeden Abend denselben Komiker zeigen kann, braucht das Fernsehen zwanzig Komiker pro Woche. Zwanzig mal zehn macht zweihundert. Gibt es ein Land, gibt es eine Kultur, die zweihundert erstklassige Komiker in einem Jahrzehnt hervorbringen kann? Nicht einmal Hollywood. Also muß man nicht nur die Debütanten des hinterletzten Kabaretts auf den Bildschirm bringen, sondern auch sogar die, die noch auf dem Weg zwischen Dorfkneipe und dem Kabarett der nächsten Provinzhauptstadt sind. Hin und wieder erscheint ein Riese wie Benigni, dann kommt eine Reihe mittelgroßer Figuren und schließlich eine Heerschar von Zwergen.

Alle, die über das niedrige Niveau des Fernsehens klagen, führen es auf die Tölpelhaftigkeit seiner Macher zurück. Aber sein Grundproblem ist, lange vor den Programmen, das wahre Drama unserer Zeit, nämlich die unaufhaltsame Vermehrung der Kanäle.

Man sagt, das Fernsehen sei ein Medium (die Ignoranten sagen ein »Media«), aber niemand weiß genau, was denn ein Medium ist. Medium heißt Mittel, aber ist das televisive Mittel das, was man auf dem Bildschirm sieht? Ist es der technische Apparat, der einem Signal ermöglicht, in Rom auf die Reise zu gehen und in Brindisi anzukommen? Ist es die Gesamtheit der Studios und der darin installierten Maschinen? Und was macht ein Medium homogen, so daß es eine Rede des Papstes und die Geständnisse eines Flittchens übertragen kann?

Ich will hier nicht all diese Fragen erörtern, so wichtig sie sind, sondern lediglich sagen: zunächst einmal ist das Fernsehen als Kanal erfunden worden, ein Kanal wie das Telefon oder unser Gehörkanal, der auditive Reize von außen in unser Gehirn bringt, wo sie dann verarbeitet werden. Ein Kanal ist im Prinzip neutral, jede beliebige Information kann ihn passieren. Außerdem ist ein Kanal aber nicht nur etwas, das Informationen passieren läßt, denn Kanäle sind auch die Straßen, die Schienen und die schiffbaren Kanäle, auf denen Menschen und Waren transportiert werden.

Nun wurden seit jeher neue Kanäle erfunden, wenn und weil das Bedürfnis bestand, etwas durch sie zu transportieren, was anders nicht an seinen Bestimmungsort hätte gelangen können. Ich würde sagen, es gab stets mehr Dinge, die man irgendwohin bringen wollte, als Kanäle, durch die man sie transportieren konnte, und so entstanden die Römerstraßen, die Aquädukte, die Postverbindungen, dann die Dampfschiffe, die Eisenbahn, die Autobahnen et cetera bis hin zu den Fluglinien und zum Internet. Nur ist es in diesem säkularen Prozeß zu einem Umkehr- oder Katastrophenpunkt gekommen (es wäre interessant festzustellen, wann genau), nach welchem die Erfindung neuer Kanäle dem Bedürfnis, etwas durch sie zu transportieren, vorausgeht. Infolgedessen übersteigt das exponentielle Wachstum der Kanäle die Anzahl der Dinge (und Informationen), deren Transport sie dienen sollen.

Denken wir nur an die Autobahnen (und an den ganzen Personenverkehr): Der Moment ist gekommen, da die Menschen durch elektronische Kanäle kommunizieren könnten und sich nicht mehr allzu oft durch die Gegend bewegen müßten, und um eine ungebremste Transportindustrie zu rechtfertigen, hat man den zwanghaften Massentourismus anheizen müssen, der dazu führt, daß jemand aus Genua auf die Malediven fliegt, um dort Genueser zu treffen, die wie er auf der Flucht sind, während er, wäre er in den Cinque Terre geblieben, noch fast leere Strände gefunden hätte. Oder denken wir an die Mobiltelefone, deren Anzahl die Menge dessen übersteigt, was man sich wirklich zu sagen hat, weshalb raffinierteste Technologien verbreitet werden, um belangloses Gerede zu stimulieren.

Ich habe an einer Reihe enzyklopädischer CD-Roms mitgearbeitet, aber ich erinnere mich noch sehr gut, daß zu einer Zeit, als dieser neue Kanal gerade erst erfunden worden war, die Techniker, die ihn produzierten, zu mir kamen und sagten: »Wir haben diesen Datenträger erfunden, und jetzt suchen wir Leute, die uns sagen, womit wir ihn füllen sollen.« Das erklärt auch (bei jedem Phänomen gibt es positive Aspekte), warum so viele neue Berufsmöglichkeiten für Studienabgänger entstehen, die verzweifelt gebeten werden, Inhalte für die sich vermehrenden Kanäle zu finden. Aber die Rechnung ist schnell aufgemacht: Wenn die Kanäle sich zu rasch vermehren und immer komplizierter werden, wird auch die Suche nach Inhalten oft nur künstlich und entspricht keiner realen Notwendigkeit mehr.

Dies ist das Hauptphänomen unserer Zeit. Ich moralisiere nicht. Ich sage nur, daß man begreifen muß, vor welche Probleme es uns stellt.

(20. September 2001)

D'Artagnans Einzug ins Pantheon

In Frankreich, hört man, gibt es Polemiken, weil Villers-Cotterêts, die Geburtsstadt von Alexandre Dumas, nicht will, daß die Asche des Romanciers nach Paris ins Pantheon überführt wird. Ich fürchte, bei uns würden viele protestieren, wenn dieser große populäre Erzähler (den man jedoch nur mit Mühe dem Kanon zurechnet) neben denen begraben würde, die schon per Schuldekret zum Kanon gehören. Aber im Grunde ist es nicht nur bei uns schwierig, zwischen Literatur und sogenannter Trivial- oder Paraliteratur zu unterscheiden.

Zweifellos gibt es eine Paraliteratur, und dabei handelt es sich um Berge von Serienware, zweit- oder drittklassige Kriminal-, Regenbogen- und Pornoromane, Bücher zum Lesen am Strand, die nichts als unterhalten wollen und sich keinerlei Stil- oder Strukturprobleme stellen (ja gerade insofern Erfolg haben, als sie repetitiv sind und ein den Lesern schon liebgewordenes Muster befolgen).

Wenn dem so ist, schrieb Alexandre Dumas dann Paraliteratur, oder stellte er sich nicht auch, wie aus einigen seiner kritischen und polemischen Schriften hervorgeht, diverse Probleme? Für eine Unzahl von Büchern beschäftigte er Lohnschreiber, sogenannte »Neger«, er wurde nach Zeilen bezahlt und zog den Text aus Geldgier in die Länge. Aber in einigen Werken ist es ihm gelungen, Figuren zu schaffen, die wir als *mythisch* bezeichnen können, die unsere kollektive Phantasie bevölkern, die benutzt und weitererzählt werden, wie es bei Personen eben der Mythen und Märchen geschieht.

Manchmal ist es ihm gelungen, den Mythos gerade durch literarisches Können zu schaffen: Der Roman *Die drei Musketiere* ist packend geschrieben, er gleitet dahin wie ein Jazzstück, und selbst wenn er das produziert, was ich einmal Akkord-Dialoge genannt habe, zwei, drei Seiten voll kurzer, floskelhafter Wendungen, um den Text in die Länge zu ziehen, tut er es

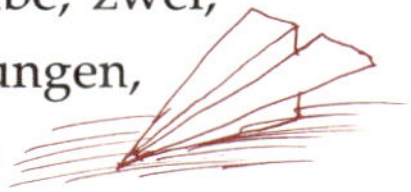

mit »boulevardesker« Anmut. Aber der *Graf von Monte Cristo?* Er schleppt sich mühsam voran, durch zahlreiche Längen, ich habe schon vor Jahren beschrieben, wie ich einmal beschlossen hatte, ihn neu zu übersetzen und dabei zu straffen (wo es zum Beispiel heißt: »Er erhob sich von dem Stuhl, auf dem er gesessen hatte«, genügt es zu schreiben: »Er erhob sich von seinem Stuhl« oder sogar bloß: »Er erhob sich«, wenn man schon weiß, daß er an einem Tisch saß). Ich hätte dem Leser rund fünfundzwanzig Prozent erspart, kalkulierte ich. Aber dann ist mir klargeworden, daß gerade diese Längen und Wiederholungen eine grundlegende strategische Funktion haben: Sie schaffen Erwartungen, sie retardieren die entscheidenden Szenen und haben strukturellen Wert für dieses Meisterwerk der Rache, die man kalt genießt.

Daß dies bei Dumas ein großes erzählerisches Vermögen war, sieht man besonders gut bei einem Vergleich mit seinem damals berühmteren Zeitgenossen Eugène Sue. Wenn wir heute *Die Geheimnisse von Paris* wiederlesen, einen Roman, der seinerzeit kollektive Hysterien, Identifikationen mit Figuren und sogar politisch-soziale Reaktionen ausgelöst hat, finden wir, daß die Längen ihn bleischwer machen, und können ihn nur noch als Dokument lesen. Gibt es also literarische Qualitäten (die nicht unbedingt mit sprachlichen Erfindungen, sondern mit Rhythmus und kluger Dosierung zu tun haben), die, wenn auch unmerklich, die Grenze zwischen Literatur und Paraliteratur verschieben?

Der Roman kommt, wie der Mythos, *vor* der Sprache, in dem Sinne, daß Ödipus und Medea typische und exemplarische Figuren allein durch ihre Taten sind, lange bevor die großen griechischen Dramatiker sich ihrer angenommen haben, so wie Rotkäppchen oder die Personen der afrikanischen oder indianischen Mythen jenseits aller Dichtung, die sie aufnimmt und etwas anderes aus ihnen erschafft, als Modelle des Lebens funktionieren. Muß der Roman die Psychologie seiner Helden vertiefen?

Gewiß tut das der moderne Roman, aber gerade die Mythen haben es nicht getan: Die Psychologie des Ödipus ist später von Sophokles und dann von Freud deduziert worden, aber die Figur war schon da, festgelegt allein durch ein schrecklich beunruhigendes Verhalten.

Besonders wir Italiener (und ein paar andere Europäer) neigen dazu, den Roman mit kunstvoller Prosa zu identifizieren und per Kurzschluß mit »Dichtung« (ja mit einer Poesie, die wir gern *povesia* aussprechen). Dabei benutzte Stendhal die Prosa des *Code civil*, Svevo schrieb schlecht (heißt es), und wenn wir etwas »Poetisches« wollen, finden wir mehr davon bei Liala (oder Rosamunde Pilcher) als bei Moravia. Das Problem ist, daß der Roman »erzählen« und exemplarische Figuren hervortreten lassen muß, auch wenn er nur deren äußeres Verhalten beschreibt.

D'Artagnans Psychologie ist höchst fadenscheinig, aber die Figur ist mythisch geworden. Julien Sorels Psychologie ist komplex, und darum unterscheide ich zwischen *historischem Roman*, der uns durch seine Helden eine ganze Epoche verstehen läßt, und *Mantel-und-Degen-Roman*, wie eben dem von Dumas, der zwar in einer bestimmten historischen Epoche spielt, aber genausogut auch ein Jahrhundert später oder früher spielen könnte und deshalb nicht weniger faszinierend wäre.

Doch wir sprechen hier nicht von Kunstwerken, deren Größe und Vielschichtigkeit niemand bestreitet; wir sprechen von mythenschaffenden Schreibweisen, die etwas anderes sind. Im Grunde ging es auch Pierre Souvestre und Marcel Allain ums Geld, und ihre Geschichten von Fantômas sind kein Musterbeispiel für gutes Schreiben, gleichwohl ist dieser schwarze Mann zu einem urbanen Mythos geworden, der die Surrealisten (und andere) nicht losließ. Ponson du Terrails Rocambole unterhält uns noch heute, aber er ist kein Mythos geworden. Warum nicht? Es gibt archetypische Blitzschläge und Erzählstrategien, die noch immer nicht gründlich genug erforscht und verglichen worden sind.

(20. Juni 2002)

Odysseus zwischen Togliatti und Agamemnon

AUF EINEM KÜRZLICH von der Gewerkschaft CGIL organisierten Kongreß, bei dem die Ansichten einiger Wissenschaftler über Probleme unserer Zeit gehört werden sollten, habe ich freihändig ein paar Dinge gesagt. Die Zeitungen haben sie verkürzt wiedergegeben, jemand bat mich zu präzisieren, was ich habe sagen wollen, und das ist der Anlaß für diesen Streichholzbrief. Ich war zu dem Kongreß in der Befürchtung gegangen, daß wieder einmal, wie so oft, eine politische Organisation sich von einigen »Intellektuellen« sagen lassen wollte, wie es mit diesem Land weitergehen soll. Nun muß man wissen, daß es nichts gibt, was mich mehr aufbringt (aber mich im Grunde auch belustigt, wenn nicht ich der Befragte bin), als mitanzusehen, wie Intellektuelle als Orakel benutzt werden.

Natürlich hatte ich vorausgeschickt, daß man unter Intellektuellen heute nicht einfach alle diejenigen verstehen kann, die mehr mit dem Kopf als mit der Hand arbeiten. Mit dem Kopf arbeitet auch, wer am Computer die Buchungen für ein Hotel vornimmt, und mit der Hand arbeitet auch ein Bildhauer. Sagen wir also, unter Intellektuellen sind alle die zu verstehen, die eine kreative Funktion ausüben, in den Wissenschaften wie in den Künsten, und rechnen wir dazu auch den Landwirt, der eine neue Idee über die Fruchtwechselwirtschaft hat. Kurz gesagt, man ist nicht unbedingt schon ein Intellektueller, wenn man ein gutes Handbuch der Arithmetik für die höhere Schule schreibt, aber man kann einer sein, wenn man es unter Verwendung neuer und besserer pädagogischer Kriterien tut.

Dies klargestellt, bieten die alten Griechen der goldenen Zeit uns drei Figuren des Intellektuellen. Erstens die des Odysseus, der – jedenfalls in der *Ilias* – die Funktionen des »organischen Intellektuellen« nach der traditionellen Vorstellung unserer linken Parteien erfüllt. Agamemnon fragt ihn, wie man Troja erobern kann, Odysseus entwickelt die Idee mit dem Pferd, und da er »organisch« mit seiner Gruppe verbunden ist, kümmert es ihn nicht, was aus den Söhnen und Töchtern des Priamos wird. Danach geht er – wie so viele organische Intellektuelle, die in die Krise geraten und sich einer Kommune mit Guru anschließen oder der Medienindustrie verkaufen – auf eine längere Seereise und kümmert sich um seine Sachen.

Die zweite Figur ist die von Platon. Er hat nicht nur eine eigene Vorstellung von der Orakelfunktion des Intellektuellen, er meint auch, die Philosophen könnten lehren, wie man richtig regiert. Das Experiment mit dem Tyrannen von Syrakus ist nicht gut gelaufen, und man hüte sich vor Philosophen, die konkrete Modelle von guter Herrschaft auspinseln: Müßten wir auf der Insel Utopia leben, so wie Thomas Morus sie konzipiert hat, oder in einem Phalanstère à la Charles Fourier, würden wir uns unbehaglicher fühlen als ein Moskowiter zur Zeit Stalins.

Die dritte Figur ist die des Aristoteles, der sich bekanntlich als Lehrer eines Herrschers wie Alexander betätigt hat. Soweit wir wissen, hat er ihm niemals präzise Ratschläge über das gegeben, was er bei seinen Unternehmungen tun solle, ob er den gordischen Knoten durchhauen oder die schöne Roxana heiraten sollte. Statt dessen hat er ihn prinzipiell und im allgemeinen gelehrt, was Politik und was Ethik ist, wie eine Tragödie funktioniert und wie viele Mägen die Wiederkäuer haben. Aber selbst wenn wir annehmen wollen, daß Alexander aus all diesen Lehren einen Gewinn gezogen hat, hätte er ihn auch ziehen können, wenn Aristoteles nicht sein Lehrer gewesen wäre: Er hätte bloß die Bücher des Aristoteles gut zu lesen brauchen.

Mithin sind es zwei Arten, in denen die Politik sich den Beitrag der Intellektuellen zunutze machen kann: Wenn es wahre Intellektuelle sind, das heißt kreative, müßten sie bereits interessante Ideen vorgelegt haben, und die Politiker könnten sich darauf beschränken, sie zu lesen. Manchmal stellt ein Politiker aber fest, daß über bestimmte Themen weder er noch die anderen klare Vorstellungen haben (weil man nicht genug darüber weiß), und dann wird er ein guter Politiker sein, wenn er neue Forschungen über dieses Thema anregt. Das ist alles. Im übrigen, wenn der Intellektuelle dann Mitglied einer Partei ist und vielleicht sogar in ihrem Pressebüro arbeitet, hat das nichts mit seiner spezifischen Rolle als Intellektueller zu tun: Er ist ein Bürger wie alle anderen, der sein berufliches Können in den Dienst seiner Gruppe zu stellen wünscht, ganz so, wie wenn er, wäre er Maurer, in seiner Freizeit gratis arbeiten würde, um den Sitz der Partei zu restaurieren.

Soweit mein Beitrag auf jenem Kongreß. Man hat mir nun vorgeworfen, daß ich Sokrates nicht erwähnt habe. Richtig, es gibt noch eine vierte Funktion des Intellektuellen, von der ich schon oft gesprochen habe, nur nicht bei jener Gelegenheit, weil mir die Zeit dafür fehlte. Sokrates erfüllt seine Rolle, indem er die Stadt kritisiert, in der er lebt, und dann akzeptiert er sein Todesurteil, um die Achtung vor den Gesetzen zu lehren. Ich weiß nicht, ob es ein Sokrates ist, aber der Intellektuelle, an den ich denke, hat noch eine andere Pflicht, wenn wir annehmen wollen, daß er zu einer Gruppe gehört: Er muß nicht gegen die Feinde seiner Gruppe reden (das ist Sache des Pressebüros), sondern gegen die eigenen Freunde. Er muß das kritische Gewissen seiner Gruppe sein. Ihr auf die Nerven gehen. In den radikalsten Fällen, wenn die Gruppe durch eine Revolution an die Macht kommt, ist der unbequeme Intellektuelle der erste, der guillotiniert oder erschossen wird.

Ich glaube nicht, daß alle Intellektuellen so weit zu gelangen wünschen, aber sie müssen die Idee akzeptieren, daß die Gruppe, der anzugehören sie sich in gewisser Weise entschlossen haben, sie nicht allzusehr liebt. Tut sie es doch und werden sie gar gehätschelt, dann sind sie schlimmer als organische Intellektuelle, dann sind sie Intellektuelle des Regimes.

(18. Juli 2002)

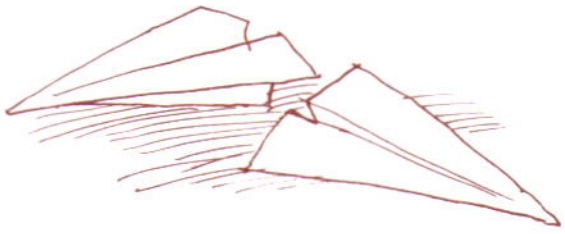

Schüsse mit Empfangsbescheinigung

Ein altes Diktum besagt, Krieg ist eine zu ernste Sache, um sie den Militärs zu überlassen. Heute müßte man aktualisieren: Die Welt ist eine zu komplizierte Sache geworden, um sie von denen regieren zu lassen, die sie bisher regiert haben. Als ob man das Manhattan-Projekt für den Bau der Atombombe den Experten für die Untertunnelung des Mont Cenis anvertraut hätte. Diese Gedanken gingen mir durch den Kopf, als ich neulich in Washington war, genau zu der Zeit, als dort noch der *Sniper* umging, jener famose Scharf- oder Heckenschütze, der fröhlich Leute erschoß, die gerade an einer Tankstelle hielten oder aus einem Restaurant kamen. Er lag irgendwo auf der Lauer, ein Präzisionsgewehr mit Zielfernrohr im Anschlag, auf einer Anhöhe über einem Autobahnknoten oder auf einem ruhigen Hügel, und verrichtete seine Arbeit. War das Opfer niedergestreckt und eine entsprechende Meldung ergangen, kam die Polizei und sperrte die Straßen für zwei bis drei Stunden ab, ohne freilich jemanden zu finden, da der Heckenschütze alle Zeit gehabt hatte, sich davonzumachen. So verließen die Menschen tagelang nicht mehr das Haus und schickten ihre Kinder nicht mehr zur Schule.

Natürlich gab es Leute, die darauf hinwiesen, daß so etwas geschieht, weil es den freien Handel mit Waffen gibt, worauf die Lobby der Waffennarren erwiderte, das Problem sei nicht, eine Waffe zu besitzen, sondern sie richtig zu benutzen. Als ob einer, der sie zum Töten benutzt, sie nicht genau richtig benutzte. Oder kauft vielleicht jemand ein Gewehr, um sich damit ein Klistier zu setzen?

Den Sniper von Washington hat man schließlich nur gefaßt, weil er absichtlich überall Spuren hinterlassen hatte – letztlich wollen solche Leute nur in die Zeitungen und ins Fernsehen kommen. Aber einer, der sich nicht hätte erwischen lassen wollen, hätte weitermachen können, bis er mehr Leute umgebracht hätte, als mühevoll in den Twin Towers massakriert worden sind. Deshalb lagen und liegen in Amerika die Nerven blank. Denn es hat begriffen, daß eine terroristische Organisation, wenn sie, statt mit Flugzeugentführungen Zeit zu verlieren, zwei bis drei Dutzend Heckenschützen auf die ganze Nation losließe, das Land paralysieren könnte. Mehr noch, sie würde eine Welle von Nachahmungstaten bei all denen auslösen, die zwar keine Terroristen, aber verrückt sind und sich dem Fest mit Freude anschließen würden.

Was haben nun einige von denen vorgeschlagen, die offenkundig nicht mehr in der Lage sind, die Welt zu lenken? Man solle Gewehre herstellen, die automatisch ihre Patronen und Hülsen »signieren«, so daß man, wenn man das Projektil aus dem Körper des Erschossenen ziehe, praktisch die Adresse des Schützen habe. Sie haben nicht bedacht, daß ich, wenn ich jemanden umbringen will, nicht mein eigenes Gewehr benutze, sondern ein gestohlenes, womit ich dann auch gleich dessen Besitzer ins Gefängnis schicke, und daß ich, wenn ich ein Terrorist bin, die richtigen Leute kenne, um ein gestohlenes Gewehr zu bekommen oder eines mit manipulierter Kennzahl oder eines aus nichtamerikanischer Fabrikation.

Aber wenn es nur das wäre. In der *Repubblica* vom 8. November lese ich, daß zur Bekämpfung der Deflation (die Leute kaufen zu wenig, die Preise sinken, uns droht eine Krise, die schlimmer ist als die Inflation) die Verantwortlichen der Federal Reserve Bank (also nicht irgendwelche Jüngelchen) den leichtverderblichen Dollar vorschlagen – das heißt, eine Banknote mit einem Magnetband, das sie zunehmend an Wert verlieren läßt, wenn man sie nicht schnell genug ausgibt (aber auch, wenn man sie auf dem Bankkonto läßt). Ich versuche mir vorzustellen, was Mr. Smith machen würde, ein Klempner, der es schafft, wenn er wie ein Verrückter arbeitet, hundert Dollar pro Tag zu verdienen.

Als erstes würde er seine Produktivität verringern. Wozu sich totschuften, um etwas zu verdienen, was nach einer gewissen Zeit nichts mehr wert ist und was man nicht einmal aufs Sparbuch tun kann, um sich später ein Häuschen zu kaufen? Er wird nur noch soviel arbeiten, daß er die dreißig Dollar pro Tag verdient, die er für sein Bier und sein Beefsteak braucht. Oder er könnte seine hundert Dollar jeden Tag für unnütze Dinge ausgeben, für T-Shirts, Marmeladegläser, Bleistifte, mit denen er dann eine Tauschwirtschaft anfangen würde, drei Marmeladegläser für ein T-Shirt, aber am Ende müßten die Leute einen Haufen unnützes Zeug in ihren Wohnungen horten, während praktisch kein Geld mehr zirkuliert. Eine andere Möglichkeit wäre, daß Mr. Smith sich das Häuschen kauft, aber auf Raten in sehr kleinen Teilen – jedesmal, wenn ihm hundert Dollar in der Hand brennen, zahlt er sie dem Verkäufer des Hauses. Allerdings würde dann nicht nur das Haus, mit Zinsen und allem, zehnmal soviel kosten, sondern warum sollte der erste Besitzer es überhaupt verkaufen, stünde er dann doch ohne Dach überm Kopf in einem Regen von Dollars, die er alle so, wie sie kämen, immer gleich ausgeben müßte? Schluß wär's mit dem Immobilienmarkt, wer ein Haus hat, behält es. Und da das Geld auch an Wert verliert, wenn man es spart, wär's auch Schluß mit den Banken.

Jetzt warte ich, daß ein Wirtschaftssachverständiger mir erklärt, wo ich mich irre, denn sicher kenne ich mich in diesen Dingen nicht aus. Aber alles in allem habe ich ernstlich den Eindruck, daß viele Initiativen, die heute ergriffen werden, einschließlich des Irak-Krieges, um die Tausende von potentiellen fundamentalistischen Heckenschützen ruhig zu halten, die an den Ausfahrten der amerikanischen Autobahnen warten, zur Kategorie dessen gehören, was uns sagen läßt: »Die Welt ist eine zu komplizierte Sache geworden, um sie von denen regieren zu lassen, die sie bisher regiert haben.«

(21. November 2002)

Große Kriege, kleine Frieden

ENDE DEZEMBER hat die Académie Universelle des Cultures in Paris darüber diskutiert, wie man sich heutzutage den Frieden »vorstellen« könnte. Nicht definieren oder erreichen, sondern vorstellen. Offenbar ist der Friede immer noch nicht nur ein fernes Ziel, sondern ein unbekanntes Objekt. Die Theologen haben den Frieden als *tranquillitas ordinis,* »Ruhe der Ordnung« definiert. Welcher Ordnung? Wir alle sind einem Ursprungsmythos erlegen: Am Anfang habe es eine paradiesische Lebenslage gegeben, dann sei diese Ruhe durch den ersten Gewaltakt verletzt worden. Dabei hatte uns Heraklit doch gewarnt: »Kampf ist das Gesetz der Welt, der Krieg ist Vater und Herr aller Dinge.« Am Anfang war der Krieg, der Mensch ist des Menschen Wolf, und die Evolution erfolgt durch einen Kampf ums Überleben.

Die großen Friedenszeiten, die wir in der Geschichte gekannt haben, wie die Pax Romana oder in unseren Tagen die Pax Americana (aber es gab auch eine sowjetische, eine osmanische, eine chinesische Pax) waren das Ergebnis einer Eroberung und eines ständigen militärischen Drucks, durch den eine gewisse Ordnung aufrechterhalten und die Konflikte im Zentrum vermindert wurden um den Preis vieler kleiner, aber sehr blutiger Kriege an den Rändern. Das mag schön für jene sein, die im Auge des Wirbelsturms sitzen, aber wer an den Rändern lebt, erfährt die Gewalt, die zur Aufrechterhaltung des Systemgleichgewichts nötig ist. Den »eigenen« Frieden erreichen wir immer nur um den Preis des von anderen erlittenen Krieges.

Man könnte daraus eine zynische, aber realistische Folgerung ziehen: Willst du den Frieden (für dich), so bereite den Krieg (gegen die anderen) vor. Nur ist der Krieg seit einigen Jahrzehnten derart komplex geworden, daß es ihm nicht mehr gelingt, schließlich mit einer wenn auch nur provisorischen Form von Frieden zu enden. Früher bestand das Ende des Krieges darin, daß der Feind auf seinem Territorium besiegt wurde, indem man ihn über die eigenen Schritte und Pläne im unklaren ließ, um ihn überraschen zu können, und indem man für eine starke Solidarität an der inneren Front sorgte. Nun aber, nach den Kriegen am Golf und im Kosovo, haben wir nicht nur gesehen, wie westliche Journalisten aus den bombardierten feindlichen Städten berichteten, sondern auch, wie Repräsentanten der gegnerischen Länder frei auf unseren Bildschirmen sprachen. Die Medien informierten den Feind über die Positionen und Bewegungen der »Unseren«, als wäre Mata Hari zur Direktorin des lokalen Fernsehens ernannt worden. Die Appelle des Feindes in unseren Wohnzimmern und die unerträgliche visuelle Evidenz der Verheerungen des Krieges führten zu dem Beschluß, daß die Feinde nicht mehr getötet werden durften (oder wenn doch, dann nachweislich nur aus

Versehen), und ganz unaushaltbar erschien nun die Vorstellung, daß einer der Unseren sterben könnte. Kann man unter solchen Bedingungen einen Krieg führen?

Noch schlimmer wurde es nach dem 11. September. Der Feind ist im Hause, aber die Medien können ihn nicht mehr zeigen, da er sich verborgen hält. Jeder terroristische Akt wird von den Medien groß herausgebracht, womit sie das Spiel des Gegners spielen. Man macht sich auf, Saddam die Waffen zu nehmen, die ihm der Westen geliefert hat und vielleicht noch immer liefert, aber der wahre Feind braucht gar keine eigenen Waffen und Technologien mehr: Er benutzt diejenigen derer, die er zerstören will. Um London zu bombardieren, mußten die Deutschen sich ihre V-Waffen noch zu Hause fabrizieren, um zwei amerikanische Türme zu zerstören, wurden zwei amerikanische Flugzeuge benutzt.

Es verwischt sich die klare Trennung zwischen den Fronten, und mögen die Waffenfabrikanten auch für den Krieg sein, sind aufs entschiedenste gegen ihn die Fluggesellschaften, die Tourismusindustrie und das ganze globalisierte Handelsnetz.

So wird der Krieg in neuer Form auf der einen Seite permanent wegen der Ungreifbarkeit des Feindes und auf der anderen, weil jeder Kriegführende davor zurückscheut, ihn zu den äußersten Konsequenzen zu treiben. Viele multinationale Interessen sorgen dafür, daß er tendentiell endemisch wird, aber sich nie entscheidet. Schließlich, wenn früher ein ferner Krieg an den Rändern des Reiches den Frieden im Inneren garantierte, ist es heute gerade das Zentrum, wo der Feind am leichtesten zuschlägt (und wo er seine finanziellen Ressourcen in den Banken des Gegners deponiert hat). Krieg in der Ferne garantiert heute nicht mehr den Frieden zu Hause. In der Ära der Globalisierung wird der globale Frieden unmöglich.

Bleibt als einzige Möglichkeit, auf einen Frieden in Flecken nach Art eines Leopardenfells hinzuwirken, indem man jedesmal und überall, wo es geht, friedliche Situationen im riesigen Umkreis der Kriege schafft, die auch weiterhin einer nach dem anderen folgen. Ein lokaler Frieden stabilisiert sich, wenn bei Ermüdung der gegnerischen Parteien eine Verhandlungsagentur in einer bestimmten Zone der Welt sich als Vermittler anbietet und ein Ende der Kampfhandlungen erreicht. Eine fortgesetzte Reihe solcher »kleiner Frieden« kann, wie ein Aderlaß wirkend, auf lange Sicht die vom permanenten Krieg produzierten Spannungsbedingungen mindern. So könnte zum Beispiel ein kleiner Frieden, der heute in Jerusalem geschlossen würde, zum Abbau der Spannung im ganzen Epizentrum des globalen Krieges beitragen.

Der universale Frieden ist wie der Wunsch nach Unsterblichkeit, der sich so schwer erfüllen läßt, daß die Religionen das ewige Leben nicht vor, sondern erst nach dem Tod versprechen. Ein kleiner Frieden dagegen ist wie die Tat eines Arztes, der eine Verletzung heilt. Kein Unsterblichkeitsversprechen, aber wenigstens eine Art, den Tod hinauszuzögern.

(9. Januar 2003)

Inhalt

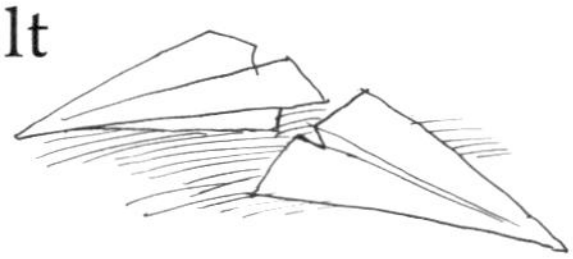